Construindo um exército de vendedores motivados: estratégias para maximizar o desempenho e a lealdade da equipe de vendas

Copyright © 2024 Reginaldo Osnildo

I0466942

APRESENTAÇÃO

Seja bem-vindo a uma jornada transformadora no mundo das vendas! **"Construindo um exército de vendedores motivados: estratégias para maximizar o desempenho e a lealdade da equipe de vendas"** não é apenas um livro; é um manual definitivo para você, gerente de vendas, líder empresarial ou empreendedor visionário, que aspira a elevar sua equipe a patamares de sucesso nunca antes alcançados.

Neste livro, você descobrirá estratégias práticas e insights de liderança que são cruciais para formar uma equipe de vendas não só eficaz, mas excepcionalmente motivada e leal. Cada capítulo foi cuidadosamente estruturado para fornecer não apenas conhecimento teórico, mas também dicas aplicáveis que transformarão sua abordagem gerencial e amplificarão os resultados do seu negócio.

Compreendemos que o ambiente de vendas de hoje exige mais do que simples técnicas; requer uma revolução na maneira como lideramos e motivamos. Por isso, este livro é um reflexo de uma visão contemporânea sobre como construir e manter uma força de vendas robusta e adaptada às exigências do mercado moderno. Aqui, você encontrará tudo o que precisa para inspirar sua equipe a alcançar excelência com um senso de propósito e dedicação.

Ao avançar pelas páginas, prepare-se para mergulhar em tópicos fundamentais como o desenvolvimento de equipes, recrutamento estratégico, e a criação de uma cultura positiva de vendas. Cada capítulo não só se completa em si, mas também te convida a explorar o próximo, garantindo uma experiência de aprendizado contínua e envolvente.

Nós o convidamos a abrir a primeira página e iniciar este caminho rumo ao topo. Ao implementar as estratégias discutidas, você não só verá uma melhoria nos resultados de sua equipe, mas também um aumento significativo na motivação e na lealdade de seus vendedores.

Prepare-se para transformar seu grupo de vendedores em um

verdadeiro exército de profissionais motivados, cujo principal objetivo é o sucesso coletivo. Vamos juntos descobrir como maximizar o desempenho e cultivar a lealdade de sua equipe de vendas, garantindo que os resultados alcançados sejam não apenas impressionantes, mas também sustentáveis.

Prossiga para o próximo capítulo e descubra a importância de cultivar uma equipe de vendas altamente motivada e como isso impacta diretamente os resultados do seu negócio.

A aventura começa agora. Está pronto para se juntar a nós?

Atenciosamente

Prof. Dr. Reginaldo Osnildo

INTRODUÇÃO AO DESENVOLVIMENTO DE EQUIPES DE VENDAS

Ao embarcar nesta jornada para transformar sua equipe de vendas, é essencial compreender a importância fundamental de cultivar um grupo não apenas habilidoso, mas profundamente motivado e comprometido. Neste capítulo, vamos explorar como uma equipe de vendas motivada pode ser a chave para desbloquear o verdadeiro potencial do seu negócio e impactar significativamente os resultados alcançados.

A BASE DA MOTIVAÇÃO

Antes de tudo, você precisa entender o que motiva uma equipe. Cada vendedor tem um conjunto de drivers internos que influenciam seu desempenho. Estes podem incluir o desejo de sucesso financeiro, o reconhecimento de suas habilidades, ou a busca por crescimento pessoal e profissional. Como líder, seu papel é identificar e cultivar esses motivadores para alinhar os objetivos pessoais dos vendedores com os da empresa.

IMPACTO NOS RESULTADOS

Estudos mostram que equipes motivadas tendem a alcançar resultados superiores. Vendedores motivados são mais propensos a estabelecer relações duradouras com os clientes, alcançar suas metas de vendas e contribuir positivamente para o ambiente de trabalho. Essa dinâmica não apenas impulsiona as vendas, mas também fortalece a marca e a posição de mercado da sua empresa.

CULTIVANDO A MOTIVAÇÃO

Para cultivar uma equipe motivada, é fundamental investir em um ambiente que promova o desenvolvimento contínuo. Isso inclui treinamento regular, oportunidades de crescimento e um sistema de feedback que reconheça tanto os sucessos quanto as áreas de melhoria. Um ambiente que valoriza a transparência e a comunicação aberta incentiva os vendedores a se dedicarem completamente aos seus papéis e objetivos.

DESAFIOS COMUNS

Ao longo deste capítulo, também discutiremos os desafios comuns enfrentados no desenvolvimento de equipes de vendas, como a alta rotatividade e a falta de engajamento. Abordaremos estratégias para superar esses obstáculos, garantindo que você esteja equipado para enfrentar esses desafios de frente e sair vitorioso.

ESTRATÉGIAS EFETIVAS

Exploraremos uma variedade de estratégias efetivas para desenvolver sua equipe, incluindo a implementação de programas de mentoring, a realização de workshops motivacionais e o uso de tecnologia para melhorar a eficiência e a comunicação. Cada uma dessas estratégias é projetada para não apenas melhorar as habilidades de vendas, mas também para fortalecer o compromisso e a lealdade dos vendedores.

Ao final deste capítulo, você terá uma compreensão clara de como uma equipe de vendas motivada pode transformar os resultados do seu negócio e como você pode efetivamente cultivar essa motivação. Prepare-se para aplicar esses insights e começar a construir sua equipe de vendas ideal.

No próximo capítulo, exploraremos o "**RECRUTAMENTO ESTRATÉGICO**", onde você aprenderá como selecionar os melhores talentos para sua equipe, focando não apenas em habilidades e experiência, mas também na compatibilidade cultural. Esses insights serão cruciais para garantir que você não apenas preencha vagas, mas fortaleça sua equipe com os melhores profissionais disponíveis.

RECRUTAMENTO ESTRATÉGICO

Prosseguindo na jornada para montar um exército de vendedores motivados, o próximo passo crucial é o recrutamento estratégico. Este capítulo é dedicado a ensinar você a selecionar os melhores talentos para a sua equipe de vendas, com um foco particular nas habilidades, experiências e, crucialmente, na compatibilidade cultural. Afinal, uma equipe coesa e alinhada com os valores da empresa é fundamental para o sucesso a longo prazo.

COMPREENDENDO O PERFIL IDEAL

Antes de iniciar o processo de recrutamento, é essencial definir claramente o perfil ideal do vendedor que deseja atrair. Isso inclui habilidades técnicas específicas, experiência no setor e traços de personalidade que se alinhem com a cultura da empresa. Pense em características como proatividade, capacidade de resolver problemas, e uma forte ética de trabalho. Esses atributos contribuirão não só para o sucesso individual, mas também para o dinamismo e saúde geral da equipe.

ESTRATÉGIAS DE ATRAÇÃO DE TALENTOS

Com o perfil ideal em mente, o próximo passo é atrair esses talentos. Isso pode ser alcançado por meio de várias estratégias:

- **Marketing de recrutamento:** Utilize suas plataformas de comunicação para destacar as vantagens de trabalhar em sua empresa, como a cultura, benefícios, e oportunidades de crescimento.
- **Parcerias com instituições de ensino:** Estabeleça conexões com universidades e escolas técnicas para acessar talentos emergentes que já possam ter uma predisposição ou interesse na área de vendas.
- **Programas de indicação:** Incentive seus atuais empregados a recomendar candidatos, aproveitando suas redes pessoais e profissionais.

O PROCESSO DE SELEÇÃO

Uma vez que os candidatos são atraídos, o processo de seleção deve ser rigoroso e alinhado com os objetivos estratégicos da empresa:

- **Entrevistas comportamentais:** Focalize em perguntas que revelem como o candidato reagiu em situações passadas que são indicativas de seus comportamentos e valores futuros.
- **Avaliações de competências:** Implemente testes práticos que reflitam desafios reais que eles enfrentarão no dia a dia.
- **Verificação de referências:** Não negligencie a importância de verificar referências para obter uma visão mais completa do histórico e da ética de trabalho do candidato.

INTEGRANDO NOVOS MEMBROS

Recrutar o candidato certo é apenas o começo. A integração eficaz é crucial para garantir que os novos contratados se sintam bem-vindos e prontos para contribuir desde o primeiro dia. Um programa de integração deve incluir treinamento sobre produtos, a cultura da empresa, e expectativas claras de desempenho e comportamento.

Ao final deste capítulo, você terá uma compreensão robusta de como um processo de recrutamento estratégico pode transformar a eficácia de sua equipe de vendas. Lembre-se, o objetivo é não apenas preencher uma vaga, mas encontrar alguém que contribua significativamente para a cultura e objetivos da empresa.

No próximo capítulo, "**CULTURA DE VENDAS POSITIVA**", exploraremos como criar um ambiente que promove motivação, colaboração e sucesso compartilhado. Este será um passo fundamental para assegurar que sua equipe não só permaneça motivada, mas também comprometida e produtiva.

CULTURA DE VENDAS POSITIVA

Ao construir um exército de vendedores motivados, um dos aspectos mais críticos para o sucesso contínuo da sua equipe é a criação e manutenção de uma cultura de vendas positiva. Este capítulo explora como desenvolver um ambiente que não só encoraja o sucesso individual, mas também promove a colaboração e o sucesso compartilhado. Uma cultura de vendas saudável serve como a espinha dorsal de uma equipe altamente motivada e produtiva.

DEFININDO CULTURA DE VENDAS POSITIVA

Uma cultura de vendas positiva é caracterizada por um ambiente que valoriza a transparência, a integridade e o respeito mútuo. Neste tipo de cultura, os membros da equipe sentem-se valorizados, entendidos e parte integrante do sucesso do negócio. Eles estão comprometidos não apenas com seus objetivos individuais, mas com os da equipe e da empresa como um todo.

ELEMENTOS CHAVE PARA CULTIVAR UMA CULTURA POSITIVA

- **Comunicação aberta e honesta:** Encoraje uma comunicação constante e aberta entre todos os níveis da equipe. Isso inclui não apenas falar, mas ouvir ativamente, permitindo que ideias e preocupações sejam expressas livremente.
- **Reconhecimento e recompensa:** Implemente sistemas de reconhecimento que celebrem não apenas os grandes sucessos, mas também os pequenos progressos e esforços diários. Isso pode incluir bônus, prêmios de reconhecimento, ou simples elogios em reuniões.
- **Desenvolvimento e suporte contínuos:** Ofereça oportunidades regulares de desenvolvimento profissional que ajudem os membros da equipe a crescer com a empresa. Isso pode envolver treinamentos, workshops e sessões de coaching.
- **Equilíbrio entre trabalho e vida pessoal:** Promova uma cultura que respeite a vida pessoal dos membros da equipe,

entendendo que vendedores felizes e equilibrados são mais eficazes e engajados.

ESTRATÉGIAS PARA FORTALECER A CULTURA DE VENDAS

- **Definição de valores claros:** Estabeleça e mantenha valores claros que guiem as ações e decisões dentro da equipe. Esses valores devem refletir os objetivos da empresa e servir como a base para todas as interações e operações.
- **Liderança pelo exemplo:** Seja um modelo de liderança positiva. As ações e o comportamento dos líderes têm um impacto direto na cultura da equipe. Liderar pelo exemplo é uma das maneiras mais poderosas de incutir e reforçar a cultura desejada.
- **Feedback construtivo:** Mantenha um ciclo contínuo de feedback que não apenas destaque áreas para melhoria, mas que também reforce positivamente as competências e sucessos dos membros da equipe.

SUPERANDO DESAFIOS CULTURAIS

Abordaremos também como enfrentar e superar desafios culturais que podem surgir, tais como a resistência à mudança ou a presença de subculturas dentro da equipe que podem não estar alinhadas com os valores da empresa. Estratégias para lidar com esses desafios serão discutidas, garantindo que você esteja equipado para manter uma cultura de vendas saudável e produtiva.

Ao final deste capítulo, você terá uma compreensão sólida de como uma cultura de vendas positiva pode ser um diferencial estratégico para sua equipe, influenciando diretamente na motivação, produtividade e, em última análise, nos resultados de vendas.

No próximo capítulo, **"TREINAMENTO E DESENVOLVIMENTO"**, exploraremos como programas eficazes de treinamento podem equipar sua equipe com as habilidades necessárias para ter sucesso. Aprenderemos como criar programas que não apenas informem, mas inspirem e capacitem cada membro da equipe a alcançar seu potencial máximo.

TREINAMENTO E DESENVOLVIMENTO

Continuando nossa caminhada para construir um exército de vendedores motivados, este capítulo foca em um dos pilares mais importantes para o sucesso de qualquer equipe de vendas: o treinamento e o desenvolvimento eficazes. A capacitação contínua não apenas aprimora as habilidades da equipe, mas também reforça o compromisso com os objetivos da empresa, aumentando a motivação e a produtividade.

A IMPORTÂNCIA DO TREINAMENTO EFICAZ

Um programa de treinamento eficaz é crucial para preparar sua equipe para enfrentar os desafios do mercado e atender às expectativas dos clientes. Além disso, o treinamento regular ajuda a manter sua equipe atualizada com as últimas tendências e tecnologias, o que é essencial em um ambiente de vendas que está sempre evoluindo.

ELEMENTOS DE UM PROGRAMA DE TREINAMENTO EFICAZ

- **Personalização:** Adapte o treinamento às necessidades individuais dos membros da equipe. Isso significa avaliar as competências existentes e as lacunas de habilidades para oferecer treinamento que seja verdadeiramente relevante e impactante.
- **Integração de tecnologia:** Utilize ferramentas e plataformas tecnológicas para facilitar o acesso ao treinamento e para simular cenários de vendas reais. Isso pode incluir e-learning, realidade virtual, e plataformas de gestão de aprendizado.
- **Treinamento contínuo e progressivo:** Estabeleça um cronograma de treinamento que ofereça aprendizado contínuo, desde a integração até o desenvolvimento de habilidades avançadas. Isso mantém a equipe engajada e sempre pronta para se adaptar e crescer.
- **Feedback e avaliação:** Incorpore avaliações regulares para medir a eficácia do treinamento. O feedback dos participantes é essencial para refinar e ajustar o programa

conforme necessário.

DESENVOLVENDO LÍDERES DENTRO DA EQUIPE

Além do treinamento técnico, é importante focar no desenvolvimento de lideranças dentro da equipe. Isso envolve identificar potenciais líderes e fornecer-lhes treinamento específico em gestão e liderança. Equipar esses líderes com as habilidades necessárias para motivar e guiar outros não apenas fortalece a equipe, mas também assegura uma liderança eficaz no futuro.

BENEFÍCIOS DO TREINAMENTO E DESENVOLVIMENTO

- **Aumento da produtividade:** Equipados com as habilidades certas, os membros da equipe podem realizar suas tarefas de maneira mais eficiente e eficaz.
- **Melhoria da moral:** O investimento em treinamento mostra aos membros da equipe que eles são valorizados, o que pode aumentar significativamente a moral e a motivação.
- **Retenção de talentos:** Oferecer oportunidades de crescimento pode ajudar a reter os melhores talentos, reduzindo a rotatividade e os custos associados à contratação e treinamento de novos funcionários.

SUPERANDO DESAFIOS NO TREINAMENTO

Também abordaremos estratégias para superar desafios comuns em treinamento, como a resistência à mudança, a limitação de tempo para treinamentos extensos e a adaptação a estilos de aprendizagem diversos. Soluções práticas e criativas serão discutidas para garantir que o treinamento seja tanto eficiente quanto inclusivo.

Ao final deste capítulo, você estará bem equipado para implementar e gerir um programa de treinamento que não só melhore as habilidades técnicas e de vendas da sua equipe, mas também promova uma cultura de aprendizado contínuo e desenvolvimento pessoal.

No próximo capítulo, "**MODELOS DE REMUNERAÇÃO E INCENTIVOS**", exploraremos como desenvolver esquemas de remuneração que não só recompensem o desempenho superior, mas também motivem sua equipe a alcançar e superar as metas estabelecidas. Este será um elemento chave para sustentar a motivação e o compromisso de sua equipe.

MODELOS DE REMUNERAÇÃO E INCENTIVOS

À medida que avançamos na construção de uma equipe de vendas altamente motivada e produtiva, é essencial abordar um componente crítico que direciona o desempenho: os modelos de remuneração e incentivos. Este capítulo focará em como desenvolver esquemas de remuneração que não apenas recompensem adequadamente seus vendedores pelos seus esforços, mas também os incentivem a alcançar e superar as metas estabelecidas.

COMPREENDENDO A IMPORTÂNCIA DA REMUNERAÇÃO

Uma estratégia de remuneração eficaz é fundamental para atrair e reter talentos de alta qualidade e para motivar a equipe a alcançar excelência nas vendas. O desafio está em criar um sistema que balanceie recompensas justas com incentivos que estimulem o desempenho superior.

ELEMENTOS DE UM SISTEMA DE REMUNERAÇÃO EFICAZ

- **Salário base versus comissão:** Uma estrutura de remuneração combinada, que inclui um salário base com comissões, oferece segurança financeira, enquanto incentiva o desempenho com base nos resultados de vendas. A proporção entre o salário base e a comissão pode variar dependendo do setor e da estratégia de vendas da empresa.
- **Bônus por desempenho:** Além das comissões, os bônus por atingir ou superar metas específicas podem ser um excelente motivador. Esses bônus devem ser claramente definidos e alinhados com os objetivos de negócios da empresa.
- **Plano de incentivos de longo prazo:** Considerar incentivos de longo prazo, como participação nos lucros ou opções de ações, pode ajudar a alinhar os objetivos dos vendedores com os da empresa e incentivar a lealdade e o comprometimento a longo prazo.

PERSONALIZANDO OS INCENTIVOS

Cada membro da equipe pode ser motivado por diferentes tipos de recompensas. É importante personalizar os incentivos para atender às motivações individuais e ao papel dentro da equipe. Algumas estratégias incluem:

- **Incentivos não-financeiros:** Além das recompensas monetárias, incentivos como reconhecimento público, oportunidades de desenvolvimento profissional, e prêmios podem ser altamente motivadores.
- **Flexibilidade e benefícios:** Oferecer opções como horários flexíveis, trabalho remoto ou benefícios de saúde aprimorados podem ser tão atraentes quanto os incentivos financeiros, especialmente para as gerações mais jovens.

IMPLEMENTAÇÃO E GESTÃO

A implementação de um sistema de remuneração e incentivos requer cuidadosa consideração e gestão contínua para garantir sua eficácia. Isso inclui:

- **Transparência:** Todos os membros da equipe devem entender claramente como os incentivos são estruturados e o que é necessário para alcançá-los.
- **Monitoramento e avaliação:** Regularmente revisar e ajustar o plano de incentivos com base no desempenho da equipe e nas condições de mercado. Isso garante que os incentivos permaneçam relevantes e eficazes.

Ao final deste capítulo, você terá uma compreensão clara de como um sistema de remuneração e incentivos bem estruturado pode impulsionar o desempenho e a satisfação da equipe. Lembre-se de que incentivos eficazes são aqueles que são percebidos como alcançáveis e justos pelos membros da equipe.

No próximo capítulo, **"TÉCNICAS DE MOTIVAÇÃO"**, aprofundaremos nas estratégias para manter sua equipe de vendas continuamente motivada e engajada. Abordaremos métodos práticos e teóricos que podem ser implementados para manter o ímpeto e a paixão pelo trabalho.

TÉCNICAS DE MOTIVAÇÃO

Ao avançarmos no desenvolvimento de uma equipe de vendas de alto desempenho, é crucial abordar como manter essa equipe continuamente motivada e engajada. Este capítulo explora uma variedade de técnicas de motivação que você pode implementar para inspirar sua equipe de vendas a alcançar e superar suas metas, mantendo alto o seu nível de energia e comprometimento.

ENTENDENDO A MOTIVAÇÃO

A motivação em vendas é um campo complexo, influenciado por uma combinação de fatores intrínsecos e extrínsecos. A motivação intrínseca se refere à satisfação pessoal que um vendedor encontra em seu trabalho, como o prazer de fechar um negócio ou o desafio de atingir uma meta difícil. Já a motivação extrínseca está ligada a fatores externos, como remuneração, benefícios e reconhecimento.

TÉCNICAS EFETIVAS DE MOTIVAÇÃO

- **Metas claras e atingíveis:** Defina metas claras e realistas para a equipe, garantindo que todos saibam o que é esperado deles e o que precisam fazer para alcançar o sucesso.
- **Ambiente positivo de trabalho:** Cultive um ambiente de trabalho que encoraje o respeito mútuo, a colaboração e o suporte. Um ambiente onde os membros da equipe se sentem seguros e valorizados é fundamental para a motivação.
- **Reconhecimento e recompensa:** Implemente um sistema de reconhecimento que celebre as conquistas dos vendedores de forma regular. Isso pode variar desde elogios em reuniões até prêmios por desempenho excepcional.
- **Oportunidades de crescimento:** Ofereça oportunidades contínuas para desenvolvimento profissional e avanço na carreira. A possibilidade de crescimento é um poderoso motivador para muitos profissionais.
- **Competições saudáveis:** Organize competições de vendas que incentivem o desempenho superior de forma saudável

e divertida. Isso pode incluir bônus ou prêmios para os melhores desempenhos.

MANTENDO A MOTIVAÇÃO A LONGO PRAZO

A motivação não é um estado permanente, mas sim algo que precisa ser cultivado e mantido. Para manter sua equipe motivada a longo prazo:

- **Comunicação constante:** Mantenha linhas de comunicação abertas com sua equipe, oferecendo feedback regular e estando disponível para discutir quaisquer preocupações.
- **Adaptação às necessidades da equipe:** Esteja atento às mudanças nas necessidades e nos desejos dos membros da equipe. Adaptar-se para atender essas mudanças pode prevenir a estagnação e o desinteresse.
- **Envolvimento na tomada de decisões:** Inclua a equipe nas decisões que afetam seu trabalho e seu ambiente. Isso aumenta o senso de propriedade e compromisso com os resultados da equipe.

SUPERANDO DESAFIOS MOTIVACIONAIS

Finalmente, abordaremos estratégias para superar desafios motivacionais, como o desgaste (burnout) e a complacência. Aprenderemos a identificar os sinais de alerta e a implementar ações preventivas para manter a equipe engajada e energizada.

Ao concluir este capítulo, você terá as ferramentas necessárias para manter sua equipe motivada, melhorando não apenas a produtividade, mas também a satisfação e a lealdade dos vendedores.

No próximo capítulo, **"GESTÃO DE DESEMPENHO"**, mergulharemos em como implementar sistemas de avaliação que promovam a melhoria contínua e reconheçam o desempenho de forma justa e transparente.

GESTÃO DE DESEMPENHO

À medida que avançamos na construção de uma equipe de vendas altamente eficaz, torna-se essencial focar em um dos aspectos mais importantes para sustentar a alta performance e o crescimento contínuo: a gestão de desempenho. Este capítulo abordará como implementar e manter sistemas de avaliação de desempenho que não apenas medem a eficácia das atividades de vendas, mas também incentivam a melhoria contínua e o desenvolvimento profissional.

A IMPORTÂNCIA DA GESTÃO DE DESEMPENHO

A gestão eficaz de desempenho ajuda a garantir que todos na equipe de vendas estejam alinhados com os objetivos da empresa e contribuam positivamente para o seu sucesso. Ela serve como uma ferramenta crucial para identificar áreas de sucesso e aquelas que necessitam de mais desenvolvimento.

ESTABELECENDO SISTEMAS DE AVALIAÇÃO EFICAZES

- **Definição de metas claras:** As avaliações começam com metas claras e quantificáveis, que devem ser estabelecidas em colaboração com a equipe de vendas para garantir que sejam alcançáveis e relevantes.
- **Feedback regular:** O feedback deve ser uma via de mão dupla e ocorrer frequentemente, não apenas em revisões anuais. Isso inclui reuniões regulares para discutir progressos, desafios e estratégias de melhoria.
- **Critérios justos e transparentes:** Os critérios utilizados para avaliar o desempenho devem ser claros, justos e consistentemente aplicados, para garantir que todos na equipe saibam o que é esperado deles e como serão avaliados.

FOMENTANDO A MELHORIA CONTÍNUA

- **Desenvolvimento profissional:** Use o sistema de avaliação para identificar oportunidades de desenvolvimento profissional para os membros da equipe. Isso pode incluir treinamento adicional, mentoring e até rotação de funções dentro da empresa para expandir suas competências.

- **Incentivos para o crescimento:** Alinhe os incentivos com os objetivos de desempenho para motivar não apenas o alcance das metas, mas também o envolvimento em atividades de desenvolvimento profissional.

- **Adaptação às mudanças:** O sistema de gestão de desempenho deve ser flexível o suficiente para se adaptar às mudanças nas metas da empresa, no mercado e nas tecnologias, garantindo que continue relevante e eficaz.

UTILIZANDO TECNOLOGIA NA GESTÃO DE DESEMPENHO

- **Ferramentas de gestão de desempenho:** Implemente software de gestão de desempenho que possa ajudar a rastrear os indicadores de desempenho em tempo real, facilitar o feedback e simplificar o processo de avaliação.

- **Análise de dados:** Use análises para entender melhor as tendências de desempenho e para identificar áreas que precisam de atenção ou estratégias que estão funcionando bem.

DESAFIOS NA GESTÃO DE DESEMPENHO

Abordaremos também os desafios comuns na gestão de desempenho, como a resistência à crítica e a dificuldade em medir certos aspectos qualitativos do desempenho de vendas. Discutiremos estratégias para superar esses desafios, garantindo que o sistema de gestão de desempenho seja tão encorajador quanto rigoroso.

Ao final deste capítulo, você estará equipado para implementar uma gestão de desempenho que não só avalia a eficácia das vendas, mas também promove um ambiente de constante aprendizado e ajuste.

No próximo capítulo, **"LIDERANÇA INSPIRADORA"**, exploraremos como ser um líder que não só dirige, mas também inspira sua equipe, cultivando um ambiente de respeito e lealdade que transcende o básico da gestão de vendas.

LIDERANÇA INSPIRADORA

À medida que nos aprofundamos na arte de construir uma equipe de vendas excepcional, chegamos a um componente vital que pode transformar completamente o dinamismo e os resultados de sua equipe: a liderança inspiradora. Neste capítulo, vamos explorar como você pode se tornar um líder que não apenas dirige, mas verdadeiramente inspira sua equipe, cultivando um ambiente de respeito, lealdade e motivação profunda.

A ESSÊNCIA DA LIDERANÇA INSPIRADORA

Liderança inspiradora vai além do gerenciamento de tarefas e do cumprimento de metas. Ela envolve infundir paixão, visão e energia em sua equipe, de modo que cada membro se sinta valorizado e vital para o sucesso do grupo. Um líder inspirador é alguém que:

- **Comunica uma visão clara:** Compartilha uma visão clara e empolgante para o futuro, fazendo com que cada membro da equipe compreenda seu papel nesse futuro desejado.
- **Demonstra integridade e consistência:** Age com integridade e consistência, estabelecendo um modelo ético que serve como exemplo para toda a equipe.
- **Encoraja e apoia:** Oferece encorajamento e suporte, reconhecendo os esforços e contribuições individuais, enquanto desafia a equipe a superar suas próprias expectativas.

TÉCNICAS PARA INSPIRAR E MOTIVAR

- **Empoderamento:** Delegue responsabilidades significativas para fomentar a autonomia e o crescimento pessoal. Isso não só desenvolve habilidades individuais, mas também reforça a confiança que você deposita em sua equipe.
- **Comunicação eficaz:** Utilize técnicas de comunicação que promovam a clareza, a escuta ativa e o diálogo aberto. Uma comunicação eficaz ajuda a construir confiança e a facilitar a resolução de problemas de forma colaborativa.
- **Reconhecimento personalizado:** Reconheça e celebre

as conquistas de maneira que ressoe com cada membro da equipe, seja através de elogios públicos, recompensas ou oportunidades de desenvolvimento.

CRIANDO UM AMBIENTE INSPIRADOR

- **Cultura de feedback positivo:** Estabeleça uma cultura onde o feedback é visto como uma ferramenta de desenvolvimento, não de crítica. Isso encoraja a melhoria contínua e a abertura para aprender com os erros.
- **Foco no bem-estar da equipe:** Priorize o bem-estar da sua equipe, reconhecendo que um ambiente de trabalho saudável contribui significativamente para a motivação e a produtividade.
- **Desenvolvimento contínuo:** Promova oportunidades constantes de aprendizado e crescimento profissional, reforçando que a evolução da equipe é uma prioridade.

SUPERANDO DESAFIOS DE LIDERANÇA

Este capítulo também abordará desafios comuns enfrentados por líderes, como a gestão de conflitos, a manutenção da motivação durante períodos difíceis e a adaptação a diferentes estilos de trabalho. Exploraremos estratégias práticas para enfrentar esses desafios, mantendo a equipe unida e focada nos objetivos comuns.

Ao final deste capítulo, você estará equipado para liderar de uma maneira que inspire sua equipe a alcançar não apenas os objetivos de vendas, mas também a excelência pessoal e profissional.

No próximo capítulo, **"COMUNICAÇÃO EFICAZ"**, vamos mergulhar nas técnicas que podem melhorar a comunicação dentro da sua equipe de vendas, um aspecto crucial para manter a harmonia, a clareza e a eficiência operacional.

COMUNICAÇÃO EFICAZ

Avançando em nossa jornada para construir um exército de vendedores motivados e produtivos, abordamos agora um dos pilares mais fundamentais para o sucesso de qualquer equipe: a comunicação eficaz. Neste capítulo, exploraremos técnicas fundamentais que irão melhorar a comunicação dentro de sua equipe de vendas, facilitando a clareza, a eficiência e o fortalecimento das relações interpessoais.

A IMPORTÂNCIA DA COMUNICAÇÃO NO CONTEXTO DE VENDAS

Uma comunicação clara e aberta é essencial não só para a execução eficiente das operações diárias, mas também para a manutenção do moral da equipe e para o desenvolvimento de uma cultura de transparência e confiança. Comunicar-se eficazmente pode prevenir mal-entendidos e conflitos, além de garantir que todos na equipe estejam alinhados com os objetivos comuns.

ELEMENTOS DE COMUNICAÇÃO EFICAZ

- **Clareza e concisão:** Assegure-se de que suas mensagens sejam claras e diretas. Evite jargões desnecessários e certifique-se de que as informações importantes não estejam embutidas em um excesso de detalhes.
- **Escuta ativa:** A comunicação eficaz não é apenas sobre falar, mas também sobre ouvir. Pratique a escuta ativa, prestando atenção completa ao que os outros estão dizendo e respondendo de forma que demonstre compreensão.
- **Feedback oportuno:** Ofereça feedback de forma regular e construtiva. O feedback é uma via de duas mãos que deve ser tanto recebido quanto dado, facilitando o crescimento pessoal e a melhoria contínua.

ESTRATÉGIAS PARA MELHORAR A COMUNICAÇÃO

- **Reuniões regulares:** Organize reuniões regulares não apenas para atualizações de status, mas também para discutir estratégias e abordar preocupações. Isso mantém todos informados e engajados.

- **Ferramentas de comunicação:** Utilize tecnologias e ferramentas que facilitam uma comunicação eficiente. Desde softwares de gerenciamento de projetos até plataformas de mensagens instantâneas, escolha ferramentas que se adaptem às necessidades da sua equipe.
- **Treinamento em habilidades de comunicação:** Invista em treinamentos que desenvolvam habilidades de comunicação dentro da equipe, incluindo tudo desde técnicas de apresentação até negociação e persuasão.

COMUNICAÇÃO EM DIFERENTES CANAIS

- **Comunicação digital:** Na era digital, é crucial entender como comunicar-se efetivamente através de canais digitais. Isto inclui email, mensagens instantâneas e redes sociais.
- **Comunicação presencial:** A comunicação face a face tem seu próprio conjunto de nuances e requer habilidades como a leitura de linguagem corporal e o ajuste de tom de voz.

DESAFIOS COMUNS NA COMUNICAÇÃO

Abordaremos também os desafios comuns que podem surgir na comunicação dentro de uma equipe de vendas, como barreiras linguísticas, diferenças culturais e resistência às mudanças. Estratégias para superar esses desafios serão discutidas, garantindo que você possa criar um ambiente onde a comunicação seja um facilitador de sucesso, não um obstáculo.

Ao concluir este capítulo, você terá as ferramentas necessárias para garantir que a comunicação dentro de sua equipe seja tão eficaz quanto possível, apoiando assim todos os outros aspectos de suas operações de vendas.

No próximo capítulo, **"FERRAMENTAS E TECNOLOGIAS DE SUPORTE"**, exploraremos como utilizar a tecnologia para simplificar os processos de vendas e aumentar a eficiência operacional. Está pronto para explorar as soluções tecnológicas que podem transformar sua equipe de vendas?

FERRAMENTAS E TECNOLOGIAS DE SUPORTE

À medida que nos aprofundamos na otimização de sua equipe de vendas, é essencial reconhecer o papel crucial que a tecnologia desempenha em modernizar e facilitar as operações de vendas. Este capítulo focará em como você pode integrar ferramentas e tecnologias de suporte para aumentar a eficiência, melhorar a comunicação e potencializar o desempenho geral de sua equipe.

A IMPORTÂNCIA DAS FERRAMENTAS DE VENDAS

Em um ambiente de vendas cada vez mais competitivo e digitalizado, dispor das ferramentas certas pode significar a diferença entre atingir ou não suas metas. As tecnologias de vendas apropriadas ajudam a automatizar tarefas repetitivas, gerar insights através de dados e manter sua equipe conectada e informada.

PRINCIPAIS FERRAMENTAS E TECNOLOGIAS

- **Sistemas de gestão de relacionamento com o cliente (CRM):** Softwares de CRM são essenciais para gerenciar as interações com clientes atuais e potenciais. Eles ajudam a organizar informações de contato, acompanhar interações e gerenciar funis de vendas de maneira eficiente.
- **Automação de vendas:** Ferramentas de automação podem cuidar de tarefas rotineiras como o envio de e-mails de follow-up, agendamento de reuniões e atualização de status de leads, permitindo que os vendedores se concentrem em fechar negócios.
- **Análise de dados:** Softwares de análise ajudam a interpretar grandes volumes de dados para identificar tendências, prever comportamentos de clientes e otimizar estratégias de vendas.
- **Comunicação e colaboração:** Plataformas como Slack, Microsoft Teams ou Zoom facilitam a comunicação e a colaboração em tempo real, garantindo que todos na equipe possam trabalhar juntos de forma eficaz, independentemente de sua localização física.

IMPLEMENTANDO TECNOLOGIA NA EQUIPE DE VENDAS

- **Avaliação das necessidades:** Antes de implementar novas tecnologias, avalie as necessidades específicas de sua equipe e como diferentes ferramentas podem atender a essas necessidades.
- **Treinamento e adoção:** Garanta que sua equipe seja treinada para usar as novas ferramentas de forma eficaz. O suporte contínuo e o treinamento são cruciais para garantir uma alta taxa de adoção.
- **Monitoramento e ajustes:** Após a implementação, monitore o uso das ferramentas e os resultados obtidos. Esteja preparado para fazer ajustes conforme necessário para maximizar o retorno sobre o investimento.

DESAFIOS E SOLUÇÕES

Embora a tecnologia ofereça muitos benefícios, sua implementação pode enfrentar desafios, como resistência à mudança por parte da equipe ou dificuldades técnicas com novas ferramentas. Discutiremos estratégias para superar esses obstáculos, garantindo uma transição suave e um impacto positivo no desempenho das vendas.

Ao concluir este capítulo, você estará bem equipado para escolher e implementar as ferramentas tecnológicas que podem transformar sua equipe de vendas, tornando-a mais produtiva, ágil e preparada para enfrentar os desafios do mercado moderno.

No próximo capítulo, **"CONSTRUINDO CONFIANÇA E RESPONSABILIDADE"**, exploraremos como criar um ambiente em que cada membro da equipe não apenas confie nos seus colegas e lideranças, mas também assuma responsabilidade plena por seus resultados.

CONSTRUINDO CONFIANÇA E RESPONSABILIDADE

Ao continuar nossa jornada para construir uma equipe de vendas de alto desempenho, este capítulo aborda dois elementos cruciais para a criação de um ambiente de trabalho produtivo e positivo: confiança e responsabilidade. Uma equipe que opera com alto nível de confiança e onde cada membro assume total responsabilidade não apenas eleva seu potencial de sucesso, mas também promove um ambiente colaborativo e resiliente.

A IMPORTÂNCIA DA CONFIANÇA E RESPONSABILIDADE

A confiança é o alicerce de todas as relações eficazes no local de trabalho. Quando os membros da equipe confiam uns nos outros e em seus líderes, há uma comunicação mais aberta, menos conflitos e uma maior disposição para assumir riscos calculados. Paralelamente, a responsabilidade pessoal e coletiva assegura que todos na equipe estejam comprometidos com os resultados e prontos para assumir as consequências de suas ações.

ESTRATÉGIAS PARA CONSTRUIR CONFIANÇA

- **Comunicação transparente:** Mantenha todos na equipe informados sobre decisões, mudanças e desenvolvimentos dentro da organização. Uma comunicação clara e aberta evita mal-entendidos e constrói uma base sólida de confiança.
- **Integridade e consistência:** Demonstre integridade em suas ações e mantenha consistência em suas decisões e tratamento com os membros da equipe. Agir de forma justa e ética é crucial para ganhar e manter a confiança.
- **Apoio e suporte:** Mostre que você está disposto a apoiar os membros da equipe, não apenas em seus sucessos, mas também em seus desafios. O apoio nos momentos difíceis fortalece a confiança mútua.

FOMENTANDO A RESPONSABILIDADE

- **Estabelecimento de expectativas claras:** Defina claramente as expectativas de desempenho e os objetivos para cada membro da equipe. Quando as expectativas são claras, é mais fácil para os membros da equipe assumirem responsabilidade por alcançá-las.

- **Empoderamento através da delegação:** Dê autonomia aos membros da equipe, permitindo que tomem decisões dentro de suas áreas de responsabilidade. O empoderamento aumenta a responsabilidade e o envolvimento com o trabalho.

- **Feedback construtivo e regular:** Forneça feedback regular que não apenas destaque áreas para melhoria, mas também reconheça os sucessos. O feedback é uma ferramenta poderosa para promover a responsabilidade contínua e o desenvolvimento pessoal.

SUPERANDO DESAFIOS

Abordaremos também como superar desafios comuns na construção de confiança e responsabilidade, como a resistência à mudança, a falta de engajamento e o medo de falhas. Discutiremos estratégias práticas para lidar com esses obstáculos, garantindo um ambiente de equipe saudável e produtivo.

Ao final deste capítulo, você terá uma compreensão clara de como a confiança e a responsabilidade são essenciais para o sucesso de sua equipe de vendas e como você pode cultivar esses valores fundamentais para alcançar resultados extraordinários.

No próximo capítulo, **"ENFRENTANDO DESAFIOS EM VENDAS"**, vamos explorar estratégias específicas para gerenciar e superar os obstáculos comuns que as equipes de vendas enfrentam no dia a dia.

ENFRENTANDO DESAFIOS EM VENDAS

No dinâmico mundo das vendas, enfrentar desafios é parte integrante do dia a dia. Seja lidando com a rejeição do cliente, competição acirrada, ou mudanças rápidas no mercado, a capacidade de sua equipe de superar obstáculos determinará em grande parte o seu sucesso. Este capítulo é dedicado a explorar estratégias robustas para gerenciar e superar esses desafios comuns nas vendas.

COMPREENDENDO OS DESAFIOS COMUNS

Antes de poder superar os desafios, é crucial entendê-los profundamente. Alguns dos mais comuns incluem:

- **Rejeição do cliente:** Inevitável em vendas, a rejeição pode ser desanimadora e impactar negativamente a motivação.
- **Competição intensa:** Em muitos setores, a competição é feroz e estar um passo à frente pode ser um desafio constante.
- **Mudanças no comportamento do consumidor:** As preferências dos consumidores podem mudar rapidamente, exigindo uma adaptação igualmente rápida das estratégias de vendas.
- **Alcançar metas de vendas:** A pressão para atingir metas pode ser intensa e estressante para a equipe.

ESTRATÉGIAS PARA SUPERAR OBSTÁCULOS

- **Resiliência frente à rejeição:** Treine sua equipe para ver a rejeição como uma oportunidade de aprendizado. Encoraje uma mentalidade positiva e a prática regular de técnicas de resiliência.
- **Análise competitiva:** Mantenha-se informado sobre o que seus concorrentes estão fazendo. Use essas informações para ajustar suas ofertas e abordagens, garantindo que você se destaque no mercado.
- **Adaptação às tendências do consumidor:** Esteja atento às tendências do mercado e adapte suas estratégias para atender às mudanças nas demandas dos consumidores.

A flexibilidade e a inovação são chaves para manter a relevância.

- **Definição de metas realistas e suporte:** Estabeleça metas desafiadoras, mas alcançáveis, e forneça os recursos necessários para que sua equipe possa atingi-las. Isso inclui treinamento adequado, ferramentas de vendas eficazes e suporte motivacional contínuo.

IMPLEMENTANDO SOLUÇÕES PRÁTICAS

- **Treinamento contínuo:** Ofereça treinamento regular para ajudar sua equipe a aprimorar habilidades de negociação e resiliência emocional.
- **Foco no relacionamento com o cliente:** Cultive um forte relacionamento com os clientes, o que pode ajudar a mitigar o impacto das rejeições e fortalecer a lealdade à marca.
- **Uso de tecnologia:** Implemente ferramentas tecnológicas que possam ajudar a identificar tendências de vendas e comportamentos de consumidores, permitindo uma resposta mais rápida às mudanças do mercado.

ENFRENTANDO A PRESSÃO DAS METAS

A pressão para atingir metas de vendas é uma realidade constante. Encoraje uma abordagem equilibrada que reconheça o esforço, bem como os resultados. Promova um ambiente onde o bem-estar mental e físico da equipe seja tão importante quanto o cumprimento das metas.

Ao final deste capítulo, você estará melhor equipado para enfrentar e superar os desafios em vendas, capacitando sua equipe para transformar cada obstáculo em uma oportunidade para crescimento e aperfeiçoamento.

No próximo capítulo, "**PROMOVENDO A SAÚDE MENTAL**", exploraremos como apoiar a saúde mental na equipe de vendas, garantindo que seus membros se mantenham engajados, motivados e produtivos.

PROMOVENDO A SAÚDE MENTAL

Neste capítulo, vamos explorar uma área crítica que muitas vezes é negligenciada em ambientes de alta pressão como as vendas: a saúde mental. Manter uma equipe de vendas não apenas produtiva, mas também mentalmente saudável, é essencial para o sucesso sustentável. Aqui, discutiremos como promover práticas que apoiem o bem-estar mental dos membros da equipe, ajudando-os a manter o equilíbrio e a resiliência.

A IMPORTÂNCIA DA SAÚDE MENTAL EM VENDAS

Vendas é uma profissão que naturalmente envolve pressão, metas desafiadoras e, frequentemente, rejeição. Sem o apoio adequado, esses fatores podem levar ao estresse, esgotamento e outras questões de saúde mental. Promover a saúde mental é crucial para manter sua equipe engajada, motivada e eficaz a longo prazo.

ESTRATÉGIAS PARA APOIAR A SAÚDE MENTAL

- **Cultura aberta e de suporte:** Crie uma cultura onde falar sobre saúde mental seja tão normal quanto discutir metas de vendas. Encoraje os líderes a dar o exemplo, compartilhando suas próprias experiências e práticas de bem-estar.
- **Treinamento em conscientização da saúde mental:** Forneça treinamento para que os gestores possam reconhecer sinais de estresse e ansiedade em suas equipes e saibam como oferecer suporte adequado.
- **Recursos e suporte:** Disponibilize recursos, como acesso a programas de assistência ao empregado (PAE), terapias e aconselhamento, para ajudar os membros da equipe a gerenciar o estresse e outros problemas de saúde mental.

IMPLEMENTANDO POLÍTICAS DE BEM-ESTAR

- **Flexibilidade no trabalho:** Adote políticas que permitam flexibilidade no horário de trabalho e no local de trabalho. Isso pode ajudar a equipe a gerenciar melhor seu tempo e reduzir o estresse.
- **Equilíbrio entre vida profissional e pessoal:** Encoraje um

equilíbrio saudável entre trabalho e vida pessoal. Isso inclui garantir que os membros da equipe não se sintam obrigados a trabalhar constantemente além do horário de trabalho normal.

- **Atividades de bem-estar:** Organize atividades regulares de bem-estar, como workshops de mindfulness, aulas de yoga ou sessões de meditação, que possam ajudar a reduzir o estresse e melhorar o foco e a clareza mental.

ABORDANDO O ESTIGMA

- **Educação contínua:** Promova a educação contínua sobre saúde mental para desmistificar preconceitos e estigmas associados a essas questões. Isso pode incluir workshops, palestras e materiais educativos que abordam a importância do bem-estar mental.
- **Suporte de pares:** Encoraje a formação de grupos de suporte entre pares, onde os membros da equipe possam compartilhar experiências e estratégias de coping em um ambiente seguro e de suporte.

SUPERANDO DESAFIOS

Discutiremos também como superar desafios específicos relacionados à implementação de iniciativas de saúde mental, como a resistência da alta gerência ou a falta de recursos. Estratégias práticas e exemplos reais serão explorados para ajudar a superar essas barreiras.

Ao final deste capítulo, você terá uma compreensão clara de como a saúde mental afeta diretamente a performance e a satisfação no trabalho e como você pode ativamente promover e proteger o bem-estar mental de sua equipe.

No próximo capítulo, "**DESENVOLVIMENTO DE CARREIRA**", exploraremos como planejar o crescimento de carreira para os membros da equipe, visando manter a motivação e o engajamento a longo prazo.

DESENVOLVIMENTO DE CARREIRA

Neste capítulo, abordaremos uma peça fundamental para a motivação e retenção de talentos em sua equipe de vendas: o desenvolvimento de carreira. Investir no crescimento profissional de sua equipe não só aumenta a satisfação e a lealdade, mas também enriquece sua empresa com habilidades aprimoradas e conhecimento especializado. Vamos explorar como você pode planejar e implementar estratégias eficazes de desenvolvimento de carreira que motivem e engajem sua equipe a longo prazo.

A IMPORTÂNCIA DO DESENVOLVIMENTO DE CARREIRA

O desenvolvimento de carreira é crucial para manter os membros da equipe motivados e comprometidos com a empresa. Programas eficazes de desenvolvimento de carreira ajudam a prevenir a estagnação profissional, aumentam a eficácia da equipe e incentivam a retenção de talentos ao oferecer perspectivas claras de crescimento dentro da organização.

ESTRATÉGIAS PARA O DESENVOLVIMENTO DE CARREIRA

- **Planos de carreira personalizados:** Trabalhe individualmente com membros da equipe para entender suas aspirações de carreira e ajudá-los a traçar um plano de desenvolvimento que alinhe seus objetivos pessoais com os da empresa.
- **Oportunidades de aprendizado e certificação:** Forneça acesso a cursos, workshops e certificações que não só aprimorem suas habilidades atuais, mas também os preparem para futuros desafios e oportunidades de promoção.
- **Mentoring e coaching:** Implemente programas de mentoring, onde profissionais mais experientes possam oferecer orientação, compartilhar conhecimentos e apoiar o desenvolvimento dos membros menos experientes da equipe.

BENEFÍCIOS DO DESENVOLVIMENTO DE CARREIRA

- **Aumento da motivação e engajamento:** Membros da equipe que veem um caminho claro de crescimento dentro da empresa tendem a ser mais motivados e engajados.
- **Melhoria na produtividade:** Profissionais que estão constantemente aprendendo e evoluindo são mais propensos a serem produtivos e inovadores.
- **Retenção de talentos:** Ao oferecer oportunidades de desenvolvimento de carreira, você diminui a probabilidade de seus talentos procurarem oportunidades em outro lugar.

IMPLEMENTANDO O DESENVOLVIMENTO DE CARREIRA

- **Avaliação de necessidades:** Regularmente avalie as necessidades de desenvolvimento de sua equipe, considerando tanto as necessidades da empresa quanto as aspirações individuais.
- **Feedback contínuo:** Ofereça feedback constante sobre o desempenho, destacando não apenas áreas para melhoria, mas também potenciais caminhos de crescimento.
- **Reconhecimento e promoções:** Reconheça oficialmente o desenvolvimento e as conquistas dos membros da equipe, promovendo-os quando apropriado e possível.

SUPERANDO DESAFIOS

Abordaremos também os desafios comuns no desenvolvimento de carreira, como a falta de recursos, a resistência à mudança por parte de gerentes ou a dificuldade em encontrar oportunidades de crescimento em estruturas mais planas. Discutiremos estratégias práticas para lidar com esses desafios e garantir que seu programa de desenvolvimento de carreira seja eficaz e inclusivo.

Ao concluir este capítulo, você terá uma visão clara de como efetivamente apoiar e promover o desenvolvimento de carreira dentro de sua equipe de vendas, garantindo não só a satisfação e motivação dos membros, mas também contribuindo para os objetivos estratégicos da sua organização.

No próximo capítulo, **"RESOLUÇÃO DE CONFLITOS"**, exploraremos técnicas para manejar e resolver conflitos internos de forma eficaz, mantendo a harmonia e a produtividade da equipe.

RESOLUÇÃO DE CONFLITOS

Conflitos são uma realidade em qualquer ambiente de trabalho, especialmente em áreas de alta pressão como vendas, onde as metas são agressivas e as personalidades podem ser fortes. Este capítulo se dedica a explorar técnicas eficazes para manejar e resolver conflitos internos, preservando a harmonia e promovendo um ambiente colaborativo e produtivo.

A IMPORTÂNCIA DA RESOLUÇÃO DE CONFLITOS

A habilidade de resolver conflitos de maneira eficaz é crucial para manter um ambiente de trabalho saudável. Conflitos não resolvidos podem levar a uma deterioração do moral da equipe, redução da produtividade e até mesmo ao aumento da rotatividade de pessoal. Portanto, é essencial abordar e resolver disputas de maneira construtiva.

ESTRATÉGIAS PARA RESOLUÇÃO DE CONFLITOS

- **Comunicação aberta e efetiva:** Encoraje a comunicação aberta, permitindo que as partes envolvidas expressem suas preocupações e pontos de vista sem julgamento. A escuta ativa é vital aqui para entender verdadeiramente as raízes do conflito.
- **Identificação das causas do conflito:** Compreenda as causas subjacentes do conflito, sejam elas disputas pessoais, diferenças nas expectativas de trabalho ou mal-entendidos. Reconhecer a causa é o primeiro passo para encontrar uma solução.
- **Mediação neutra:** Em casos de conflitos mais sérios, a intervenção de um mediador neutro pode ajudar a facilitar a discussão e guiar as partes para uma resolução pacífica.

BENEFÍCIOS DE RESOLVER CONFLITOS

- **Melhoria do ambiente de trabalho:** Um ambiente sem conflitos pesados contribui para um clima de trabalho mais agradável e aumenta a satisfação geral da equipe.
- **Aumento da produtividade:** Equipes que colaboram

bem são mais produtivas. Resolver conflitos rapidamente minimiza as interrupções nas atividades diárias.

- **Fortalecimento das relações:** Resolver conflitos de forma construtiva pode fortalecer as relações entre os membros da equipe, pois aprender a navegar pelas diferenças pode levar a um respeito mútuo mais profundo.

IMPLEMENTANDO PROGRAMAS DE RESOLUÇÃO DE CONFLITOS

- **Treinamento em resolução de conflitos:** Ofereça treinamento regular em habilidades de comunicação e resolução de conflitos para toda a equipe, preparando todos para lidar com desafios interpessoais de forma eficaz.
- **Políticas claras:** Estabeleça políticas claras de conduta no local de trabalho e procedimentos para a resolução de conflitos, garantindo que todos saibam como proceder quando surgirem disputas.
- **Feedback contínuo:** Mantenha canais de feedback abertos e regulares, permitindo que problemas sejam abordados antes de se escalarem para conflitos sérios.

SUPERANDO DESAFIOS NA RESOLUÇÃO DE CONFLITOS

Este capítulo também abordará desafios comuns na resolução de conflitos, como a resistência à mudança nas abordagens tradicionais de gestão e o medo de represálias. Discutiremos como superar esses obstáculos com técnicas baseadas em empatia, paciência e persistência.

Ao concluir este capítulo, você terá as ferramentas necessárias para gerenciar e resolver conflitos de maneira eficiente, promovendo um ambiente de trabalho mais cooperativo e produtivo.

No próximo capítulo, "**FEEDBACK CONSTRUTIVO**", exploraremos como dar feedback de maneira que motive e melhore o desempenho, crucial para o desenvolvimento contínuo e sucesso de sua equipe.

FEEDBACK CONSTRUTIVO

Feedback é uma ferramenta essencial para o desenvolvimento e aprimoramento contínuo de qualquer equipe de vendas. Neste capítulo, focaremos em como proporcionar feedback construtivo que não apenas ajude a corrigir deficiências, mas também motive os membros da equipe e fortaleça suas habilidades e confiança.

A IMPORTÂNCIA DO FEEDBACK CONSTRUTIVO

Feedback construtivo é vital para qualquer processo de desenvolvimento profissional, pois proporciona insights valiosos sobre o desempenho e o comportamento. Ele ajuda os membros da equipe a entenderem o que estão fazendo bem e onde podem melhorar, além de ser uma oportunidade para reconhecimento e validação de seus esforços.

PRINCÍPIOS DO FEEDBACK EFETIVO

- **Específico e direcionado:** O feedback deve ser claro e focado em comportamentos específicos, não em características pessoais. Evite generalizações e seja o mais específico possível sobre os pontos de melhoria.
- **Oportuno:** Ofereça feedback logo após a observação dos comportamentos relevantes para garantir que o contexto e os detalhes ainda estejam frescos.
- **Equilibrado:** Enquanto é importante apontar áreas para melhoria, também é crucial reconhecer as conquistas e os pontos fortes. Isso ajuda a manter a moral elevada e a motivação intacta.
- **Diálogo, não monólogo:** Encoraje uma conversa bidirecional, onde o receptor do feedback tenha a oportunidade de expressar suas próprias perspectivas e sentimentos.

ESTRATÉGIAS PARA DAR FEEDBACK

- **Ambiente adequado:** Escolha um ambiente propício que seja privado e livre de interrupções, para que a conversa possa ocorrer sem pressões externas.

- **Use exemplos concretos:** Baseie seu feedback em exemplos concretos e situações específicas. Isso ajuda o receptor a compreender claramente o contexto e a relevância do feedback.
- **Foco no desenvolvimento:** Enfatize que o objetivo do feedback é o crescimento pessoal e profissional. Estabeleça um plano de ação para melhorias, incluindo metas claras e prazos.

CRIANDO UMA CULTURA DE FEEDBACK

- **Treinamento em feedback:** Ofereça treinamento para que todos na equipe possam aprender a dar e receber feedback eficazmente. Isso ajuda a criar uma cultura onde o feedback é visto como uma ferramenta positiva para o desenvolvimento.
- **Feedback regular:** Integre o feedback nas rotinas diárias e processos da equipe para que se torne uma prática natural e esperada.
- **Feedback de todos os níveis:** Encoraje o feedback em todas as direções—de subordinados a superiores, entre colegas e de superiores a subordinados. Isso promove uma cultura de transparência e melhoria contínua.

SUPERANDO BARREIRAS AO FEEDBACK EFICAZ

Abordaremos desafios comuns que podem surgir ao dar feedback, como a defensividade ou a falta de engajamento por parte do receptor, e como superar essas barreiras com empatia, paciência e habilidades de comunicação efetivas.

Ao concluir este capítulo, você estará equipado para aplicar técnicas de feedback construtivo que impulsionam o desempenho e contribuem significativamente para o desenvolvimento e a satisfação de sua equipe.

No próximo capítulo, **"RECONHECIMENTO E RECOMPENSAS"**, exploraremos como criar um sistema de reconhecimento que valorize as conquistas e reforce os comportamentos positivos dentro de sua equipe de vendas.

RECONHECIMENTO E RECOMPENSAS

Reconhecimento e recompensas são ferramentas poderosas que servem não apenas para celebrar sucessos, mas também para motivar continuamente sua equipe de vendas a buscar excelência. Neste capítulo, exploraremos como criar e implementar um sistema eficaz de reconhecimento que alinhe com os objetivos de sua empresa e satisfaça as necessidades de seus membros de equipe.

A IMPORTÂNCIA DO RECONHECIMENTO

O reconhecimento no local de trabalho vai além de simples elogios; ele afeta diretamente a moral e a motivação da equipe. Quando os membros da equipe sentem que seu trabalho duro e conquistas são valorizados, eles são mais propensos a se manter engajados e leais à empresa. Além disso, um bom sistema de reconhecimento pode incentivar comportamentos e práticas que conduzem ao sucesso coletivo.

ESTRATÉGIAS PARA RECONHECIMENTO EFICAZ

- **Reconhecimento imediato:** O impacto do reconhecimento é maior quando é feito logo após a conquista. Isso mostra que a liderança está atenta e valoriza os esforços diários da equipe.
- **Personalização:** Adapte as formas de reconhecimento às preferências individuais dos membros da equipe. Alguns podem preferir elogios públicos, enquanto outros podem valorizar recompensas tangíveis ou oportunidades de desenvolvimento.
- **Visibilidade:** Torne o reconhecimento visível. Isso não apenas reforça o valor do indivíduo reconhecido, mas também estabelece um exemplo positivo para o restante da equipe.

CRIANDO UM SISTEMA DE RECOMPENSAS

- **Recompensas alinhadas com objetivos de negócios:** As recompensas devem refletir os objetivos mais amplos da empresa. Seja incentivando a conclusão de vendas, a satisfação do cliente ou a colaboração dentro da equipe, certifique-se de que as recompensas reforçam os comportamentos desejados.

- **Diversidade de recompensas:** Inclua uma variedade de tipos de recompensas, como bônus, dias de folga, oportunidades de treinamento, e reconhecimento público. A diversidade ajuda a manter o sistema de recompensas fresco e envolvente.

- **Equidade e consistência:** Garanta que o sistema de recompensas seja justo e consistente. As regras para ganhar recompensas devem ser claras e aplicadas de forma igualitária para evitar percepções de favoritismo.

BENEFÍCIOS DE UM SISTEMA DE RECONHECIMENTO EFICAZ

- **Melhoria da motivação e do desempenho:** Um sistema de reconhecimento bem planejado não apenas eleva a motivação individual, mas também pode levar a um aumento geral no desempenho da equipe.

- **Fortalecimento da cultura da empresa:** Celebrar as conquistas reforça uma cultura de sucesso e colaboração, onde os membros da equipe se sentem valorizados e parte de algo maior.

SUPERANDO DESAFIOS

Discutiremos desafios comuns, como orçamentos limitados para recompensas e a percepção de injustiça no sistema de reconhecimento, oferecendo estratégias práticas para superar esses obstáculos.

Ao final deste capítulo, você terá uma compreensão robusta de como implementar um sistema de reconhecimento e recompensas que não só celebre as conquistas, mas também motive sua equipe de vendas a continuar alcançando resultados excepcionais.

No próximo capítulo, "**ADAPTAÇÃO À MUDANÇA**", exploraremos como preparar sua equipe para adaptar-se eficazmente às mudanças no mercado e na indústria, garantindo a resiliência e a capacidade de inovação contínuas.

ADAPTAÇÃO À MUDANÇA

Num mundo de negócios que evolui rapidamente, a capacidade de adaptar-se à mudança é crucial para qualquer equipe de vendas. Este capítulo discute como você pode preparar sua equipe para responder eficazmente às mudanças do mercado e da indústria, assegurando que sua empresa não apenas sobreviva, mas também prospere diante de novos desafios e oportunidades.

A IMPORTÂNCIA DA ADAPTABILIDADE

A adaptabilidade não é apenas uma habilidade desejável; é uma necessidade para manter a competitividade e a relevância em um ambiente de negócios que está constantemente mudando. Equipes que podem se adaptar rapidamente são capazes de aproveitar novas oportunidades e mitigar riscos de forma proativa.

ESTRATÉGIAS PARA FOMENTAR A ADAPTAÇÃO

- **Cultura de aprendizado contínuo:** Promova uma cultura que valorize o aprendizado contínuo e o desenvolvimento de habilidades. Isso pode ser alcançado através de treinamentos regulares, workshops e a encorajamento da curiosidade e da experimentação.
- **Comunicação aberta:** Mantenha linhas de comunicação abertas dentro da equipe. Isso inclui não apenas informar sobre mudanças iminentes, mas também cultivar um ambiente onde feedback e ideias sobre como lidar com essas mudanças possam ser livremente compartilhados.
- **Flexibilidade nos processos:** Revise e ajuste os processos de trabalho regularmente para garantir que eles permaneçam eficientes e relevantes. Isso pode envolver a adoção de novas tecnologias ou a revisão de estratégias de vendas para alinhar com as condições de mercado em mudança.

PREPARANDO A EQUIPE PARA MUDANÇAS

- **Treinamento em habilidades transversais:** Incentive o desenvolvimento de habilidades que possam ser transferidas para diferentes funções ou circunstâncias, como habilidades de comunicação, pensamento crítico e resolução de problemas.

- **Simulações e cenários:** Use simulações e exercícios de cenário para preparar a equipe para diferentes situações de mercado. Isso não só ajuda a desenvolver habilidades práticas, mas também a mentalidade de estar sempre preparado para o inesperado.
- **Suporte durante a transição:** Ofereça suporte adicional durante períodos de mudança significativa, como acesso a conselheiros ou sessões de brainstorming em equipe para explorar novas estratégias.

BENEFÍCIOS DE UMA EQUIPE ADAPTÁVEL

- **Resiliência:** Equipes adaptáveis são mais resilientes frente a contratempos e mudanças, podendo recuperar-se rapidamente.
- **Inovação:** Uma abordagem flexível e adaptável encoraja a inovação, pois os membros da equipe estão sempre procurando maneiras de melhorar e adaptar-se.
- **Vantagem competitiva:** A capacidade de se adaptar rapidamente às mudanças do mercado pode proporcionar uma vantagem competitiva significativa, permitindo que a empresa antecipe tendências e capitalize em novas oportunidades.

SUPERANDO DESAFIOS NA ADAPTAÇÃO

Abordaremos os desafios comuns que as equipes enfrentam ao adaptar-se a mudanças, como resistência interna ou falta de recursos, e discutiremos estratégias para superar esses obstáculos efetivamente.

Ao concluir este capítulo, você estará preparado para liderar sua equipe através das ondas de mudança, garantindo que cada membro não apenas se adapte, mas também prospere em um ambiente em constante evolução.

No próximo capítulo, **"ESTRATÉGIAS DE RETENÇÃO"**, exploraremos como manter os talentos mais valiosos em sua equipe, garantindo que sua empresa continue a beneficiar-se de sua experiência e habilidades a longo prazo.

ESTRATÉGIAS DE RETENÇÃO

Retenção de talentos é crucial para manter a continuidade, a estabilidade e o crescimento em qualquer equipe de vendas. Neste capítulo, exploraremos estratégias eficazes para reter os melhores talentos na sua equipe, assegurando que os investimentos em treinamento e desenvolvimento de seus membros proporcionem retorno a longo prazo e contribuam para o sucesso sustentável da empresa.

A IMPORTÂNCIA DA RETENÇÃO DE TALENTOS

Manter talentos valiosos não apenas reduz os custos associados à contratação e treinamento de novos funcionários, mas também preserva o conhecimento institucional e promove uma cultura de lealdade e comprometimento. Além disso, uma baixa rotatividade pode melhorar o moral da equipe e a estabilidade, o que é vital para manter a produtividade e a motivação em alta.

ESTRATÉGIAS EFETIVAS PARA RETENÇÃO

- **Reconhecimento e recompensa:** Certifique-se de que o bom desempenho e os esforços sejam reconhecidos e recompensados regularmente. Isso não se limita a benefícios financeiros, mas também inclui promoções, oportunidades de desenvolvimento profissional e reconhecimento público.
- **Oportunidades de crescimento:** Ofereça caminhos claros de crescimento de carreira dentro da empresa. Isso mostra aos funcionários que eles têm um futuro promissor na organização, incentivando-os a permanecer e a evoluir com a empresa.
- **Cultura corporativa positiva:** Cultive um ambiente de trabalho que promova valores como respeito, integridade e colaboração. Uma cultura corporativa positiva e inclusiva é um dos principais fatores que influenciam a decisão de um funcionário de permanecer em uma empresa.
- **Flexibilidade e equilíbrio entre trabalho e vida pessoal:** Proporcione flexibilidade no trabalho, como horários flexíveis, trabalho remoto e políticas de folga equilibradas.

Isso pode ajudar os funcionários a gerenciar melhor suas responsabilidades pessoais e profissionais, aumentando a satisfação no trabalho.

BENEFÍCIOS DA RETENÇÃO DE TALENTOS

- **Continuidade e conhecimento:** Retendo talentos, você mantém a continuidade dos processos e preserva o conhecimento crítico dentro da empresa.
- **Melhoria na qualidade do serviço:** Equipes estáveis com experiência acumulada tendem a oferecer um serviço ao cliente de maior qualidade, o que pode diferenciar sua empresa no mercado.
- **Atmosfera de equipe fortalecida:** Uma baixa rotatividade promove um sentido mais forte de equipe e camaradagem, o que pode levar a uma colaboração mais eficaz e a um ambiente de trabalho mais agradável.

SUPERANDO DESAFIOS NA RETENÇÃO

Discutiremos também como superar desafios comuns na retenção de talentos, como a competição de mercado por funcionários de alto desempenho e as expectativas crescentes dos trabalhadores modernos por ambientes de trabalho mais dinâmicos e adaptativos.

Ao final deste capítulo, você estará equipado com estratégias para desenvolver um programa robusto de retenção que ajudará a manter seus melhores talentos engajados e comprometidos com a missão e os valores da sua empresa.

No próximo capítulo, "**ANÁLISE DE DADOS PARA VENDAS**", exploraremos como utilizar dados para informar estratégias de vendas e tomar decisões de gestão mais informadas.

ANÁLISE DE DADOS PARA VENDAS

À medida que o mundo dos negócios se torna cada vez mais orientado por dados, a capacidade de entender e utilizar esses dados para informar estratégias de vendas torna-se essencial. Neste capítulo, exploraremos como a análise de dados pode ser aplicada para otimizar as operações de vendas e tomar decisões gerenciais mais informadas e eficazes.

A IMPORTÂNCIA DA ANÁLISE DE DADOS EM VENDAS

A análise de dados permite que as equipes de vendas não apenas entendam melhor o desempenho passado, mas também prevejam tendências futuras e comportamento do consumidor. Com insights baseados em dados, sua equipe pode ajustar estratégias em tempo real, melhorar a eficiência e aumentar as taxas de conversão.

IMPLEMENTAÇÃO DA ANÁLISE DE DADOS

- **Coleta de dados:** Garanta a coleta sistemática de dados relevantes, que podem incluir volume de vendas, padrões de compra do cliente, feedback do cliente, e eficácia das campanhas promocionais.
- **Ferramentas de análise:** Utilize softwares e ferramentas de análise de dados para processar essas informações. Ferramentas como CRM (Customer Relationship Management) e plataformas de BI (Business Intelligence) são essenciais para visualizar e interpretar dados de vendas.
- **Treinamento e cultura de dados:** Desenvolva uma cultura que valorize a tomada de decisões baseada em dados, e ofereça treinamento adequado para sua equipe para garantir que todos possam interpretar e utilizar eficazmente os dados coletados.

UTILIZAÇÃO DOS DADOS PARA INFORMAR ESTRATÉGIAS DE VENDAS

- **Segmentação de clientes:** Use análises para segmentar clientes com base em comportamento e preferências, permitindo campanhas de marketing mais direcionadas e personalizadas.
- **Otimização de preços e ofertas:** Ajuste preços e ofertas com base na análise de sensibilidade de preço do mercado e na demanda do consumidor.
- **Previsão de vendas:** Utilize modelos preditivos para antecipar tendências de vendas, ajudando a planejar melhor o estoque, as promoções e as alocações de recursos.
- **Desempenho de vendas:** Analise o desempenho de vendas para identificar pontos fortes e áreas de melhoria. Use esses insights para treinar sua equipe e refinar técnicas de vendas.

BENEFÍCIOS DA ANÁLISE DE DADOS

- **Decisões melhores e mais rápidas:** Com acesso a dados precisos e relevantes, as decisões podem ser tomadas mais rapidamente e com maior confiança.
- **Aumento da eficiência:** A análise de dados ajuda a identificar e eliminar processos ineficazes, reduzindo custos e melhorando a eficácia geral.
- **Vantagem competitiva:** Equipes que utilizam dados eficazmente podem se adaptar mais rapidamente às mudanças do mercado e às necessidades dos clientes, mantendo uma vantagem competitiva.

SUPERANDO DESAFIOS

Abordaremos os desafios comuns enfrentados pelas equipes ao implementar a análise de dados, como a integração de novas tecnologias e a resistência à mudança, e ofereceremos soluções para superar esses obstáculos.

Ao final deste capítulo, você estará bem equipado para integrar a análise de dados nas operações diárias da sua equipe de vendas, transformando dados brutos em estratégias de vendas acionáveis e orientadas por insights.

No próximo capítulo, "**NETWORKING E RELACIONAMENTO**", exploraremos como encorajar sua equipe a construir redes eficazes que possam levar a maiores oportunidades de vendas.

NETWORKING E RELACIONAMENTO

Networking e construção de relacionamentos são fundamentais no mundo das vendas, pois abrem portas para novas oportunidades e fortalecem a posição de sua empresa no mercado. Neste capítulo, discutiremos como você pode encorajar sua equipe a construir e manter redes eficazes, aumentando assim o alcance e a influência de sua organização.

A IMPORTÂNCIA DO NETWORKING

Networking não se trata apenas de coletar contatos; é sobre estabelecer conexões significativas que podem gerar benefícios mútuos a longo prazo. Uma rede robusta pode oferecer acesso a informações valiosas, recomendações de clientes, parcerias estratégicas e insights de mercado.

ESTRATÉGIAS PARA NETWORKING EFETIVO

- **Capacitação da equipe:** Forneça treinamento sobre como fazer networking efetivamente, incluindo como se aproximar de novos contatos, como manter conversas engajadoras e como seguir após o primeiro contato.
- **Participação em eventos:** Incentive a participação em eventos da indústria, conferências e seminários. Esses eventos são oportunidades excelentes para conhecer potenciais clientes, parceiros e mentores.
- **Uso de tecnologia:** Utilize plataformas de redes sociais profissionais como LinkedIn para construir e manter contatos. Encoraje sua equipe a ser ativa nessas plataformas, compartilhando conteúdo relevante e interagindo com o conteúdo de outros.
- **Desenvolvimento de relacionamentos a longo prazo:** Ensine sua equipe a ver o networking como o desenvolvimento de relacionamentos a longo prazo, não apenas como uma troca de cartões de visita. É importante cultivar esses relacionamentos com comunicações regulares e oferecendo ajuda quando possível.

BENEFÍCIOS DE UM NETWORKING EFICAZ

- **Oportunidades de negócios ampliadas:** Uma rede vasta e bem cultivada pode levar a oportunidades de negócios que de outra forma poderiam ser inacessíveis.
- **Melhoria na reputação:** A presença ativa e positiva em redes relevantes pode melhorar a reputação da sua empresa, atraindo mais negócios e talentos de qualidade.
- **Aprendizado e crescimento:** Networking proporciona uma troca constante de ideias e conhecimento, que pode impulsionar a inovação e o crescimento pessoal e profissional dos membros da equipe.

SUPERANDO DESAFIOS NO NETWORKING

Abordaremos também desafios comuns no networking, como a ansiedade de networking, a falta de habilidades de comunicação eficazes e o desenvolvimento de uma estratégia de networking que alinhe com os objetivos de negócios da empresa.

Ao final deste capítulo, você terá uma compreensão clara das técnicas para cultivar e manter uma rede de contatos que não só beneficie os objetivos individuais de vendas, mas também contribua para o sucesso estratégico da organização como um todo.

No próximo capítulo, **"GERENCIANDO A DIVERSIDADE"**, exploraremos como valorizar e aproveitar a diversidade dentro de sua equipe de vendas, transformando-a em uma força poderosa para inovação e entendimento do cliente.

GERENCIANDO A DIVERSIDADE

A diversidade dentro de uma equipe de vendas não é apenas uma questão de responsabilidade social ou cumprimento de normas; é uma estratégia inteligente de negócios. Uma equipe diversificada traz uma variedade de perspectivas, experiências e habilidades, que podem enriquecer a abordagem de vendas e melhorar a compreensão dos diversos mercados consumidores. Neste capítulo, exploraremos como gerenciar e valorizar a diversidade para potencializar a inovação e o desempenho de sua equipe.

A IMPORTÂNCIA DA DIVERSIDADE NA EQUIPE DE VENDAS

Diversidade envolve a inclusão de pessoas de diferentes gêneros, raças, etnias, idades, orientações sexuais, culturas e experiências de vida. Em vendas, a diversidade pode melhorar a resolução de problemas e oferecer insights mais profundos sobre as necessidades e desejos de uma base de clientes igualmente diversificada.

ESTRATÉGIAS PARA PROMOVER A DIVERSIDADE

- **Recrutamento consciente:** Adote práticas de recrutamento que promovam a diversidade, como a elaboração de descrições de cargo neutras em termos de gênero e a utilização de painéis de entrevista diversificados.
- **Treinamento e conscientização:** Implemente programas de treinamento sobre diversidade e inclusão para educar sua equipe sobre os benefícios da diversidade e ensinar habilidades de comunicação intercultural.
- **Políticas de inclusão:** Desenvolva políticas claras que apoiem a inclusão no local de trabalho, garantindo que todos se sintam valorizados e parte integrante do time.

BENEFÍCIOS DE UMA EQUIPE DE VENDAS DIVERSIFICADA

- **Inovação aumentada:** A diversidade de pensamentos e experiências promove a criatividade e a inovação, pois diferentes perspectivas podem levar a novas ideias e soluções.

- **Melhoria na tomada de decisões:** Grupos diversificados tendem a considerar uma gama mais ampla de opções e potenciais falhas antes de tomar decisões, o que pode levar a escolhas mais sólidas e bem fundamentadas.

- **Representação do cliente:** Uma equipe diversificada é mais capaz de compreender e conectar-se com uma clientela diversificada, melhorando as relações com os clientes e a eficácia das vendas.

SUPERANDO DESAFIOS NA GESTÃO DA DIVERSIDADE

Também discutiremos desafios comuns que podem surgir ao gerenciar uma equipe diversificada, como conflitos culturais, comunicação ineficaz e resistência às políticas de diversidade. Abordaremos estratégias para superar esses obstáculos, garantindo que a diversidade seja uma força propulsora para o sucesso da equipe.

Ao concluir este capítulo, você estará preparado para liderar uma equipe de vendas caracterizada pela diversidade de talentos e perspectivas, maximizando os benefícios que a diversidade traz para o ambiente de negócios contemporâneo.

No próximo capítulo, **"PLANEJAMENTO ESTRATÉGICO PARA CRESCIMENTO"**, vamos abordar como definir metas claras e um plano concreto para alcançá-las, garantindo que sua equipe de vendas esteja alinhada e pronta para o sucesso sustentável.

PLANEJAMENTO ESTRATÉGICO PARA CRESCIMENTO

O crescimento sustentável de uma equipe de vendas depende de um planejamento estratégico eficaz e bem fundamentado. Este capítulo aborda como definir objetivos claros e desenvolver um plano concreto para alcançá-los, garantindo que todos na equipe estejam alinhados e motivados para implementar a estratégia traçada.

A IMPORTÂNCIA DO PLANEJAMENTO ESTRATÉGICO

Planejamento estratégico não é apenas sobre onde sua equipe quer chegar, mas como exatamente ela vai chegar lá. Ele envolve a definição de metas específicas, mensuráveis, alcançáveis, relevantes e temporais (SMART), e a elaboração de estratégias para atingir essas metas, considerando os recursos disponíveis e os desafios do mercado.

ELEMENTOS DE UM PLANEJAMENTO ESTRATÉGICO EFICAZ

- **Definição de metas claras:** Comece identificando o que sua equipe de vendas pretende alcançar a curto, médio e longo prazo. Essas metas devem ser específicas e alinhadas com os objetivos maiores da empresa.
- **Análise SWOT:** Realize uma análise SWOT (Strengths, Weaknesses, Opportunities, Threats) para entender as forças, fraquezas, oportunidades e ameaças presentes no ambiente interno e externo da empresa.
- **Estratégias de ação:** Desenvolva estratégias claras de ação baseadas na análise SWOT. Isso pode incluir a intensificação de esforços em áreas onde a equipe é forte, o aprimoramento em áreas de fraqueza, a capitalização em oportunidades e a mitigação de ameaças.
- **Alocação de recursos:** Determine como os recursos disponíveis serão distribuídos para apoiar as estratégias de vendas. Isso inclui recursos humanos, financeiros e tecnológicos.

IMPLEMENTAÇÃO E MONITORAMENTO

- **Plano de ação detalhado:** Elabore um plano de ação detalhado com responsabilidades claras e prazos. Cada membro da equipe deve saber o que é esperado dele e quando.
- **Monitoramento contínuo:** Estabeleça um sistema de monitoramento para acompanhar o progresso em relação às metas estabelecidas. Isso deve incluir reuniões regulares de revisão e atualização das estratégias conforme necessário.
- **Ajustes baseados em feedback:** Seja flexível para fazer ajustes no plano com base no feedback da equipe e nas mudanças do mercado. A capacidade de se adaptar é crucial para o sucesso a longo prazo.

BENEFÍCIOS DO PLANEJAMENTO ESTRATÉGICO

- **Foco e direção:** Um plano estratégico claro proporciona à equipe uma direção focada, ajudando a evitar distrações e a maximizar a eficiência.
- **Motivação e engajamento:** Metas claras e a compreensão de como alcançá-las podem aumentar significativamente a motivação e o engajamento da equipe.
- **Melhoria contínua:** O processo de planejamento estratégico encoraja a avaliação contínua e o aprendizado, o que é vital para a melhoria contínua da equipe e da organização.

Ao final deste capítulo, você terá as ferramentas e o conhecimento necessários para desenvolver um planejamento estratégico que não apenas direcione sua equipe de vendas ao sucesso, mas também garanta seu crescimento sustentável e adaptabilidade no dinâmico mundo dos negócios.

No próximo capítulo, **"SUSTENTANDO O SUCESSO"**, consolidaremos os conhecimentos adquiridos e discutiremos como manter o sucesso e o ímpeto da equipe ao longo do tempo.

SUSTENTANDO O SUCESSO

Chegamos ao capítulo final de nossa jornada através do desenvolvimento e sustentação de uma equipe de vendas altamente motivada e produtiva. Neste capítulo de conclusão, consolidaremos os conhecimentos adquiridos ao longo do livro e discutiremos estratégias para manter o sucesso e o ímpeto da sua equipe de vendas ao longo do tempo.

REVISÃO DOS PRINCIPAIS CONCEITOS

Vamos relembrar os conceitos-chave e as estratégias que exploramos nos capítulos anteriores:

- **Desenvolvimento de equipes:** A importância de construir uma equipe coesa e altamente motivada.
- **Recrutamento estratégico:** Como selecionar os melhores talentos que se alinham com a cultura e objetivos da empresa.
- **Treinamento e desenvolvimento:** A necessidade de programas de treinamento contínuos que equipem sua equipe com habilidades cruciais.
- **Liderança inspiradora:** O impacto de uma liderança que não apenas dirige mas inspira e motiva.
- **Adaptação e inovação:** A importância de se manter adaptável e inovador diante das mudanças do mercado.

SUSTENTANDO O SUCESSO A LONGO PRAZO

- **Cultura de melhoria contínua:** Encoraje uma cultura que valoriza o aprendizado e a melhoria contínua. Isso envolve não apenas treinamento contínuo, mas também feedback regular e oportunidades para os membros da equipe experimentarem novas estratégias e abordagens.
- **Monitoramento e avaliação:** Implemente um sistema robusto de monitoramento e avaliação para acompanhar o desempenho da equipe contra os objetivos estabelecidos. Use esses dados para fazer ajustes nas estratégias conforme necessário.
- **Resiliência e flexibilidade:** Desenvolva a resiliência da

equipe para lidar com os altos e baixos típicos do ambiente de vendas. Ser flexível e capaz de se adaptar rapidamente às mudanças do mercado é crucial.

FOMENTANDO O ENGAJAMENTO E A LEALDADE

- **Reconhecimento e recompensas:** Continue a encontrar maneiras novas e significativas de reconhecer e recompensar os membros da equipe por seu trabalho duro e sucesso, o que pode variar desde recompensas financeiras até oportunidades de crescimento profissional.
- **Comunicação eficaz:** Mantenha as linhas de comunicação abertas. Uma comunicação eficaz não só ajuda a resolver problemas rapidamente, mas também a compartilhar sucessos e aprender com os desafios.

À medida que você implementa e refina as estratégias discutidas neste livro, lembre-se de que o sucesso de sua equipe de vendas é um processo contínuo que requer dedicação, paciência e, acima de tudo, uma disposição para adaptar-se e crescer juntos. O sucesso em vendas não é apenas sobre atingir metas, mas sobre criar um ambiente onde cada membro da equipe pode prosperar e contribuir para o sucesso coletivo.

Agradeço por acompanhar esta jornada conosco. Espero que as estratégias e insights compartilhados aqui não apenas inspirem você, mas também equipem você e sua equipe com as ferramentas necessárias para construir um futuro brilhante e bem-sucedido em vendas.

Obrigado por escolher este livro como seu guia. Desejo-lhe sucesso contínuo e realizações excepcionais com sua equipe de vendas!

Ao virarmos a última página desta jornada juntos, espero sinceramente que os aprendizados compartilhados aqui tenham tocado seu coração e despertado novas perspectivas. Se este livro lhe trouxe algum valor, peço gentilmente que dedique alguns momentos para deixar sua avaliação na Amazon. Suas palavras não apenas me ajudam a crescer e aprimorar minha arte, mas também guiam outros leitores em suas buscas por conhecimento e inspiração. Sua opinião é um presente valioso, tanto para mim quanto para a comunidade de leitores em busca de histórias que transformam. Agradeço de coração por compartilhar esta jornada comigo e espero que possamos nos encontrar novamente nas páginas de uma nova aventura.

REGINALDO OSNILDO

Olá, sou Reginaldo Osnildo, autor e inovador nas áreas de vendas, tecnologia, e estratégias de comunicação. Minha experiência abrange desde o ambiente acadêmico, como professor e pesquisador na Universidade do Sul de Santa Catarina, até a prática como estrategista no Grupo Catarinense de Rádios. Com um doutorado em narrativas de vendas e convergência digital, e um mestrado em storytelling e imaginário social, eu trago para meus leitores uma fusão única entre teoria e prática. Meu objetivo é fornecer conhecimento em uma linguagem simples, prática e didática, incentivando a aplicação direta na vida pessoal e profissional.

Atenciosamente

Prof. Dr. Reginaldo Osnildo

+55 48 991913865

reginaldoosnildo@gmail.com